W0266755

L'ANNÉE JOHNNY

©, 1992, MUSICMANIA- POLYGRAM LAURA
MERCHANDISING — EDITIONS GLÉNAT,
PARIS, GRENOBLE

L'ANNÉE JOHNNY

MUSIC MANIA Glénat

DE NEW YORK À BERCY

TRUCK
ROUTE

à Michel

PRÉFACE

Un an. Au fil des jours.
Des clichés volés, des photos posées.
Des moments perdus, des minutes d'angoisse,
des instants de solitude.
De la chaleur. De la tendresse et des joies.
Parfois même le sentiment de sortir de soi-même.
Il y a la musique, la scène et les amis.
Je regarde cet album. Il n'y manque rien
de l'année écoulée.
Même pas l'image derrière le miroir...
Comprenne qui voudra ou qui pourra.

CARNET DE NOTES

PRINTEMPS 1991. Johnny Hallyday retrouve à Paris Tony Joe White. Leur première rencontre date de 1984, à Nashville. Ensemble, ils ont interprété pour l'émission d'Antoine de Caunes "Les enfants du rock" l'un des classiques de Tony Joe White "Polk Salade Annie" créé en 1970 et repris par Elvis Presley.

AVRIL. Aux studios Gang à Paris, pendant une semaine, ils travaillent ensemble sur de nouveaux morceaux. Cinq titres seront enregistrés, mais seuls "Une Journée" et "La guitare fait mal" seront retenus.

MAI. Au souhait personnel de Johnny Hallyday, l'esprit musical de son nouvel album est clairement défini, ce nouveau disque sera plus brut, plus essentiel.
La direction de production est confiée à Mick Lanaro, réputé depuis des années pour son travail sur certains albums de Brel, Nougaro, Lavilliers, Sheller, Bruel...
A New York, il prend contact avec des musiciens prestigieux comme Steve Ferrone (batterie) et Nick Moroch (guitare), connus pour leur travail avec Al Jarreau, Weather Report, Eric Clapton...
Deux fabuleux studios sont réservés.
Le Power Station où Bon Jovi enregistre tous ses albums. Ce studio possède une acoustique unique au monde. Lors des premières sessions, en entendant les retours voix au casque, Johnny déclara aux ingénieurs du son n'avoir jamais entendu une sonorité pareille.
Le second studio, Hit Factory, a abrité les sessions des albums des Rolling Stones et de Bruce Springsteen.
Pendant un mois, avec la participation de Jannick Top et d'Erick Bamy, les bases musicales sont enregistrées – rythmiques, chœurs, cuivres – à New York. Pour certains titres, elles seront faites à Paris (Studios Gang, Guillaume Tell et Mega) et Montreux (Mountains Studios).

PARIS. MAI, JUIN. Pendant ce temps, travail de recherche de textes et d'écriture. Plusieurs auteurs ont été contactés ou se sont proposés.
"J'ai demandé à tous les paroliers de concevoir des chansons sur le thème d'un homme seul. L'inquiétude d'un mec de mon âge qui se retourne sur son passé, se remet en cause, s'exprime mal avec sa femme et n'arrive pas à bien l'aimer" dit Johnny.

"Tout pour te déplaire". Pour ce titre teinté d'amertume, Kent Cokenstock, travaillera sur une musique composée par le rocker canadien Bryan Adams (qui allait connaître peu après un n° 1 mondial avec la bande originale du film Robin des Bois, "Everything I do").

"Roxy baby" est un titre très particulier. Musicalement, sa structure rythmique est complexe, passant du binaire au ternaire, marquant un désir de fusion des genres – rock, blues, jazz, soul. La session cuivres est constituée de musiciens ayant joué avec le groupe Blood, Sweat and Tears dans les années 70.

"Dans un an ou un jour" s'appelait à l'origine "Devil Moon". La musique et le texte ont été écrits par Mort Shuman qui avait déjà composé pour Johnny "Quand un homme devient fou", "Excusez-moi de chanter du Rock'n'roll"... Pendant l'enregistrement de l'album à New York, Mort Shuman disparaîtra. A Londres où eut lieu son enterrement, Johnny déposera sur sa tombe la cassette de cette chanson que son ami n'avait pu entendre entièrement terminée. L'adaptation est signée Ysa Shandy, jeune étudiante coréenne, découverte par Mick Lanaro, qui a écrit ses premiers textes à 17 ans. Pour cet album, quatre de ses textes seront retenus par Johnny , notamment **"Ce jeu là",** composé par le Toulousain Jacques Cardonna offrant aux musiciens américains un véritable plaisir de jouer.

"Le nom que tu portes". Pendant le "Cadillac tour" de l'hiver 90/91, à Bruxelles, eut lieu la rencontre de Johnny et de Bon Jovi, groupe culte aux Etats-Unis. Deux titres seront écrits par John Bon Jovi et Richie Sambora. Pour l'enregistrement de l'album, Richie Sambora participera aux séances d'enregistrement. Son jeu de guitare donnera une griffe musicale splendide à ses deux compositions.

"Ça ne change pas un homme". Art Mengo, l'une des dernières révélations musicales de l'année 1990, écrit ce qui va devenir et donner le titre générique de ce nouvel album. A la fin d'une journée de sessions, Johnny l'enregistrera en trois prises, lui donnant sa version définitive. "Ça ne change pas un homme" sera le premier single à sortir; il porte l'empreinte du thème général, l'obsession de l'homme et de sa solitude.

"Cadillac man". Deuxième titre composé par Bon Jovi. Philippe Labro va écrire le texte en français. Ce dernier a déjà à son actif plusieurs écritures pour Johnny Hallyday "Essayez", "Poème sur la 7", l'album "Flagrant Délit". C'est à partir d'une idée de Johnny que le thème de cette rock-ballade va être trouvé. "Cadillac man" où l'errance du héros sorti d'un roman noir américain se termine dans la solitude. La guitare très pure, très country-blues, est assurée par Richie Sambora.

"Et puis je sais" et "Pour exister" ont été écrits et composés par Patrick Bruel et enregistrés à Paris. "C'est un très bon mélodiste. Je lui avais demandé de travailler avec moi depuis longtemps".

"Amour facile". Thunder est le nom d'un groupe de hard FM, qui obtint un hit avec "Dirty love". Ce titre sera choisi et retenu par Johnny, l'adaptation confiée à Jean Schultheis, session-man de talent.

"La guitare fait mal" et "Une journée" sont deux titres de Tony Joe White enregistrés aux studios Gang. Etienne Roda-Gil apportera les textes français. Ces deux titres sont empreints de boogie-blues, d'envies de voyages, d'ambiance bayou, de survie, de déglingues et de blues solitaire.

"Tien an men" termine l'album. Ysa Shandy a écrit un texte lyrique au ton grave, véritable appel à la liberté auquel Johnny apportera un souffle extraordinaire.

SEPTEMBRE 1991

◆

NEW YORK. C'est au mois de septembre que commencent les sessions d'enregistrement à New York. Dans le choix de l'endroit, il y a le désir de s'imprégner des vibrations et des bruits de New York. Cette ville va agir comme un véritable révélateur, un électrochoc indispensable à la réalisation de cette œuvre très noire, très dure.

◆

CE DISQUE est marqué par une certaine forme de désespoir et par un désir de changement, changement dans le délabrement, celui de la rue où chacun doit se battre pour survivre. Sur la photo choisie pour la "cover" de l'album, gris mauve aux reflets glacés, il apparaît lointain et flou. Comme un solitaire fatigué dans une ville sans âme. Comme ce cliché, pris par Denis Stock en 1955 de James Dean marchant dans les rues pluvieuses. Pendant les quatre semaines d'enregistrement, le rythme des journées restera immuable : le matin, deux heures de gymnastique et de musculation; 15 heures, début des sessions d'enregistrement. Pour chaque titre, Johnny apportera de nouvelles idées, suivra avec passion l'évolution et la réalisation de cette oeuvre, jusqu'au dernier jour de mixage.

◆

CLIP "Ça ne change pas un homme". Tournage au Chelsea Hotel. Hôtel mythique du rock n'roll, de la littérature américaine et des cœurs brisés. Tennessee Williams, Jimi Hendrix, Jim Morrison, Bob Dylan y ont vécu et écrit quelques-uns de leurs textes les plus superbes. D'autres scènes seront réalisées dans le métro new yorkais. De ce clip ressort tout cet état d'âme.

◆

NEW YORK

"J'AI DEMANDÉ
À TOUS LES AUTEURS
DE CONCEVOIR
DES CHANSONS
SUR LE THEME
DE LA SOLITUDE."

CO.

A New York, la musique est dans la rue, présente comme une véritable pulsation, chargée d'électricité, de contrastes et de couleurs.

OPTIMO
MILK · SODA · BEER
300 SALIM

NEW YORK

◆ **TOURNAGE EN EXTÉRIEUR DANS UNE MEGAPOLIS GLAUQUE ET FASCINANTE.**

◆ **JOHNNY SE BALADE À HARLEM DEVANT L'APOLLO THEATER, TEMPLE DE LA SOUL MUSIC. C'EST LÀ QUE DÉBUTÈRENT OTIS REDDING, JAMES BROWN, WILSON PICKETT, SAM AND DAVE...**

NEW YORK

john
lennon
evian

◆

AU POWER STATION AVEC RICHIE SAMBORA SOLISTE ET COMPOSITEUR DE BON JOVI.

◆

NOVEMBRE

TOURNAGE DU FILM "LA GAMINE". Johnny tourne à Lisbonne pendant sept semaines, sous la direction d'Hervé Palud, "La Gamine". C'est la pemière fois qu'il joue dans une comédie à part entière.

Pour les scènes d'action, Johnny a tenu à exécuter lui-même toutes les cascades.

On aura même la surprise de le retrouver habillé en prêtre.

LA GAMINE

"J'AVAIS ENVIE DEPUIS TRES LONGTEMPS DE JOUER DANS UNE COMÉDIE. AU DÉBUT DU TOURNAGE, J'AVAIS UN PEU LA TROUILLE. MAIS JE ME SUIS TRÉS VITE PRIS AU JEU."

J. HALLYDAY

SURFBOARD
CLINIC

“ Le plus extraordinaire, c’est quand je vois l’équipe se marrer. Le comique de situation déclenche chez moi des attitudes franchement drôles. C’est le genre de film dont je rêvais depuis toujours.”

SACRÉE SOIRÉE

Le 11 décembre, pour "Sacrée soirée", Johnny fait un aller-retour Lisbonne-Paris pour présenter en exclusivité trois nouvelles chansons :
ÇA NE CHANGE PAS UN HOMME,
TRUE TO YOU,
DANS UN AN OU UN JOUR.

CHEZ FOUCAULT

PREMIERE TV POUR
SON ALBUM SORTI
LE 10 DÉCEMBRE
1991.

SACRÉE SOIRÉE

JANVIER

◆

Un spécial Star 90.

Michel Drucker
fait venir sur son plateau
une collection unique de Harley Davidson.
Johnny interprètera
DANS UN AN OU UN JOUR,
ET PUIS JE SAIS .

◆

CHEZ DRUCKER

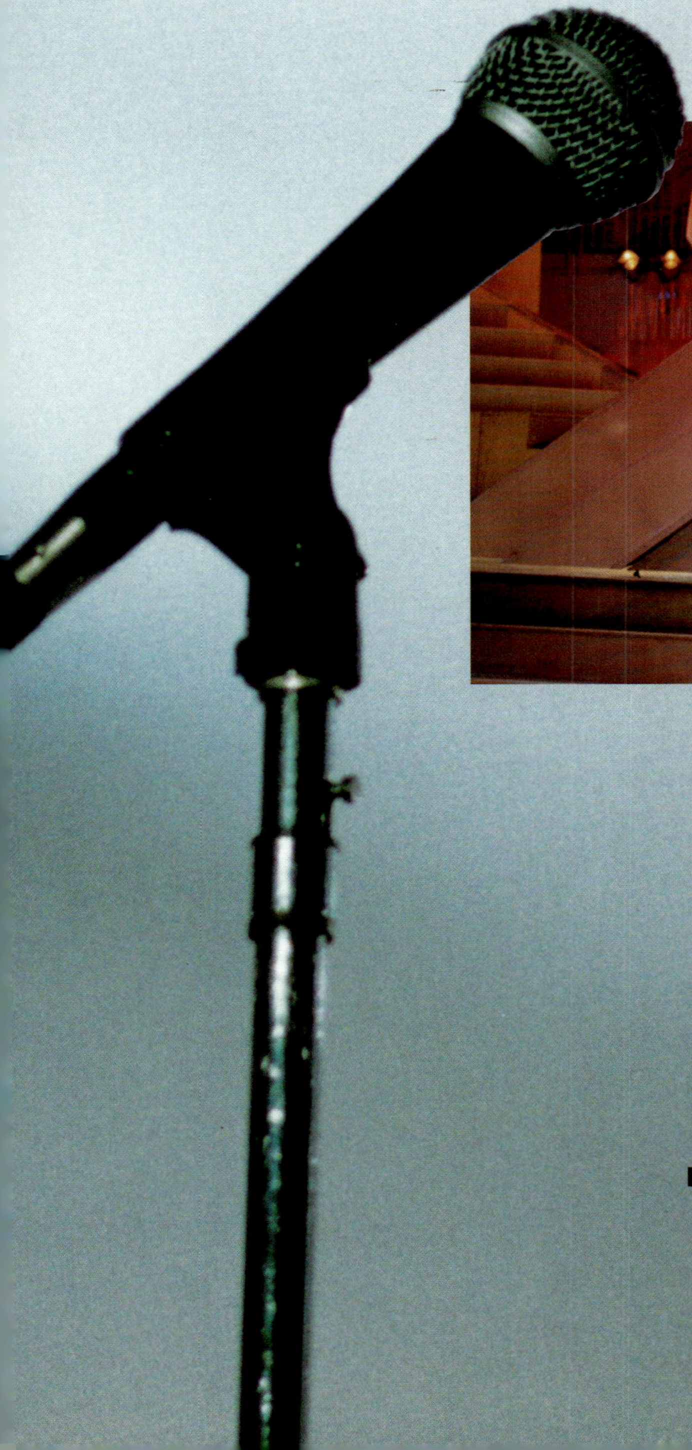

Johnny présente aux téléspectateurs Ysa Shandy, auteur de quatre textes de son dernier album.

STAR 90

FÉVRIER

CLIP. Tournage du clip "Dans un an ou un jour" à Forty Nine Palms, proche de Los Angeles, gêné par une tempête qui ne dure pas moins de quatre jours. Certains plans seront tournés dans une ghost town avec des figurants indiens payés à l'heure. Un traitement très "technicolor" donne à ce clip, réalisé par Bernard Schmitt, une couleur rock-ballade très réussie.

VACANCES À HAWAII. Après la Californie, Johnny prend, avec quelques amis, quelques jours de vacances à Hawaii. Sous un soleil d'enfer, les journées sont consacrées aux sports, à la plage, à la lecture et au shopping.

TATOUAGES À HONOLULU. David est lion, Laura est scorpion. A Hawaii l'idée lui vient de se faire graver les signes zodiacaux de ses enfants, une façon d'être près d'eux, de leur faire une place dans sa tête et dans son cœur.

CALIFORNIE

Température 49°C : entre Los Angeles et Palm Spring, le dernier plan de la séquence du clip "Dans un an ou un jour".

ARN
CO.
7531
Highway

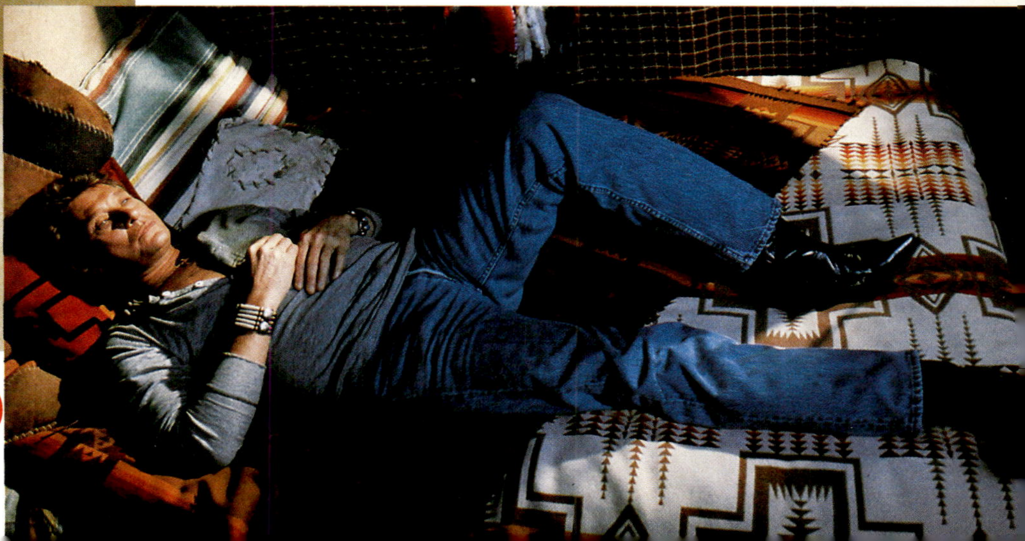

CLIP

HAWAII LES VACANCES

◆ MAUI, À DEUX HEURES D'AVION D'HONOLULU, UNE ÎLE DE PARADIS AVEC LES PLUS GRANDES VAGUES DU PACIFIQUE POUR LES SURFERS.

SURF LIVING
WATERS
NO
LIFEGUARD
ON DUTY

Divers
LAHAINA
MARINE AWARENESS TEAM

Séance de tatouage pour Johnny, accompagné de David, dans les ateliers de Slade Fievro, star des tatoueurs d'Honolulu.

MARS

CINE STARS. Les 3 et 4 mars à Ramatuelle,
Michel Drucker tourne
la nouvelle édition de Ciné Stars.
Le réalisateur est Mathias Ledoux,
qui a couvert les cérémonies d'ouverture
des jeux Olympiques d'hiver.
La formule de cette émission est de laisser l'invité
s'exprimer librement dans un environnement
qui est son propre univers.
Johnny a préféré Ramatuelle à Paris.
Ce portrait de Johnny dans sa véritable intimité
n'avait jamais été fait jusqu'à ce jour.
L'émission battra des records d'audimat.

LA LORADA

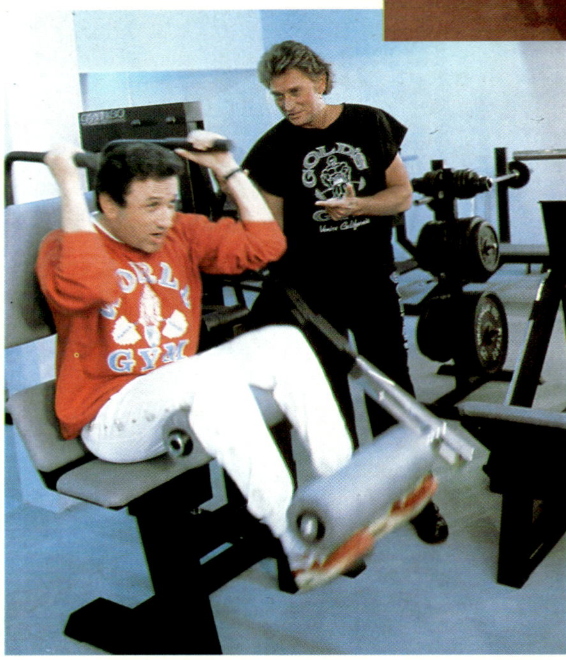
GOLD'S
GYM

DESTA, LEE, JOEY ET CHARLES...

AVEC DESTA ET LEE HALLYDAY, DES SOUVENIRS D'ENFANCE DEVANT 17 MILLIONS DE SPECTATEURS.

SACRÉE SOIRÉE

◆ **Avec Charles Aznavour, quelques chansons, une vieille complicité et beaucoup d'amitié.**

GILDAS, DE CAUNES, DENISOT...

◆ NULLE PART AILLEURS ET MON ZÉNITH À MOI SUR CANAL +

◆

CLIP. **Le clip “Et puis je sais”, tourné au Ranelagh, l’un des plus beaux et plus anciens théâtres de Paris, est réalisé par Jimmy Fletcher.**

Pour renforcer l’ambiance intimiste de ce clip, plusieurs portraits et objets de la maison de Johnny sont intégrés dans le décor.

◆

ET PUIS JE SAIS

"ET PUIS JE SAIS
TOUS CES REGARDS SUR MOI
ET PUIS JE SAIS
TOUS CES MOTS QU'ON NE DIT PAS."

JOHNNY
BERCY

AU CIRCUIT CAROL plusieurs milliers de bikers se sont réunis autour de la même passion, les Harley Davidson.

Des garçons et des filles libres dans leur tête et dans leur façon de vivre.

BIKERS...

JUILLET / AOUT

◆

RAMATUELLE. Lors de ses vacances Johnny apporte un soin particulier au choix des dessins et du graphisme qui orneront les bouteilles de vins et la gamme d'huiles végétales qui porteront son nom.

◆

Répétitions au Café de la danse, rue de Lappe à Paris. Chaque soir, Johnny travaille, chante et règle tous les détails de cette rentrée événementielle en compagnie de Jannick Top et Erick Bamy.

◆

RAMATUELLE

RAMATUELLE

◆ **Lee Hallyday (ci-contre)**
et Gérard l'Intendant (en bas à droite)

◆ **Jo de Salernes (en bas a gauche) et Daniel Hechter (en bas a droite)**

Chaque jour, en compagnie de son coach, Johnny peaufine sa forme physique.

Le Desperados HDC, un club Harley dont Johnny est président, et la regle d'or est la liberté.

Ci-contre, il porte la réplique du blouson de Marlon Brando dans "L'équipée sauvage".

REPETITIONS

SEPTEMBRE

◆

1 AN DE PRÉPARATION

6 MOIS DE TRAVAIL

130 TONNES DE MATÉRIEL

210 PERSONNES MOBILISÉES SUR CE PROJET

15 MUSICIENS

14 000 PERSONNES CHAQUE SOIR

250 819 SPECTATEURS AU SOIR DU **4** OCTOBRE.

◆

BERCY

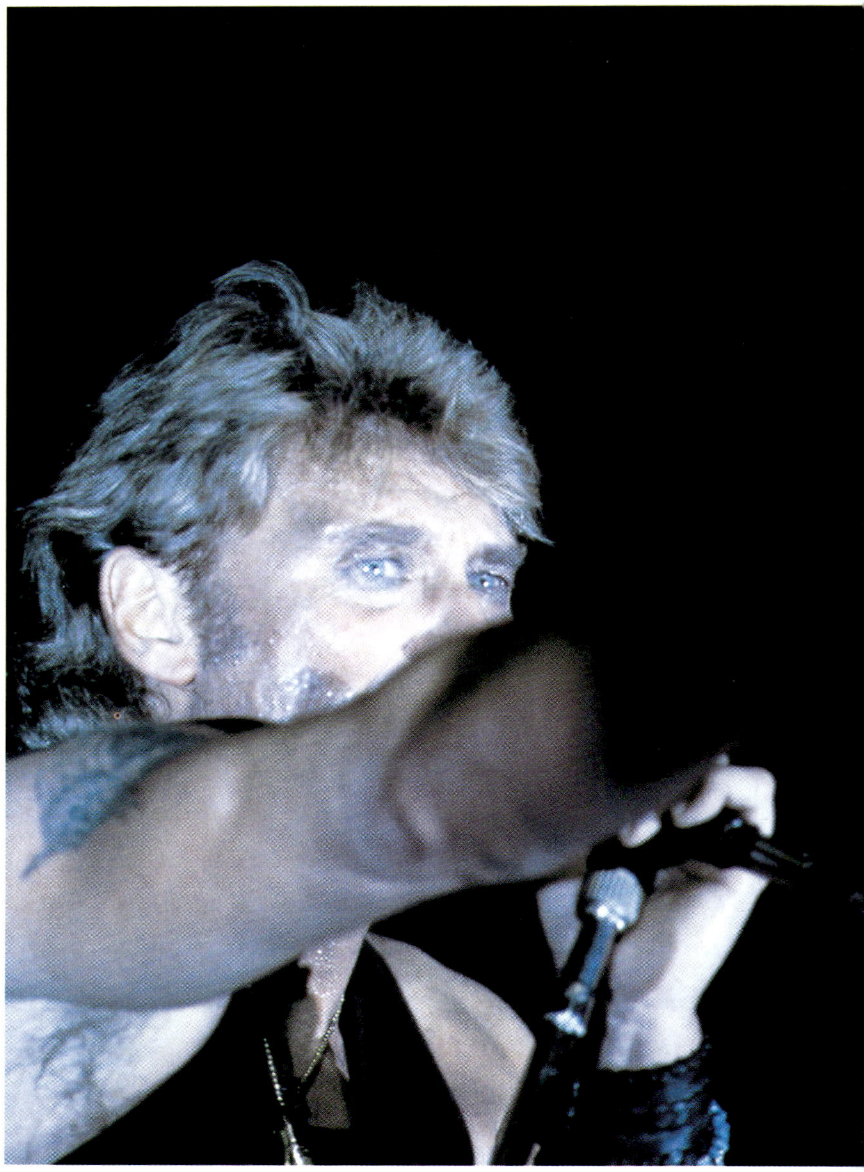

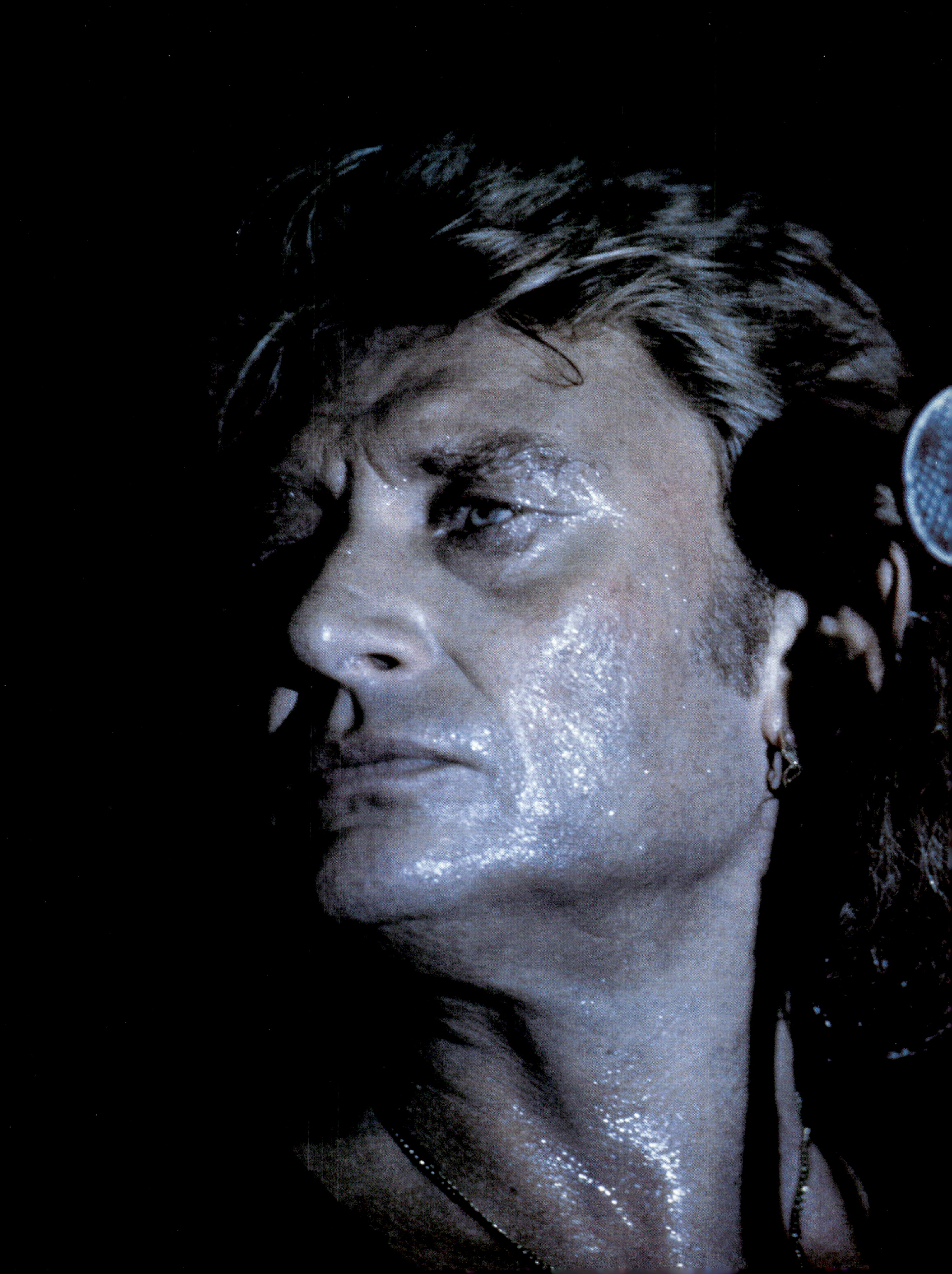

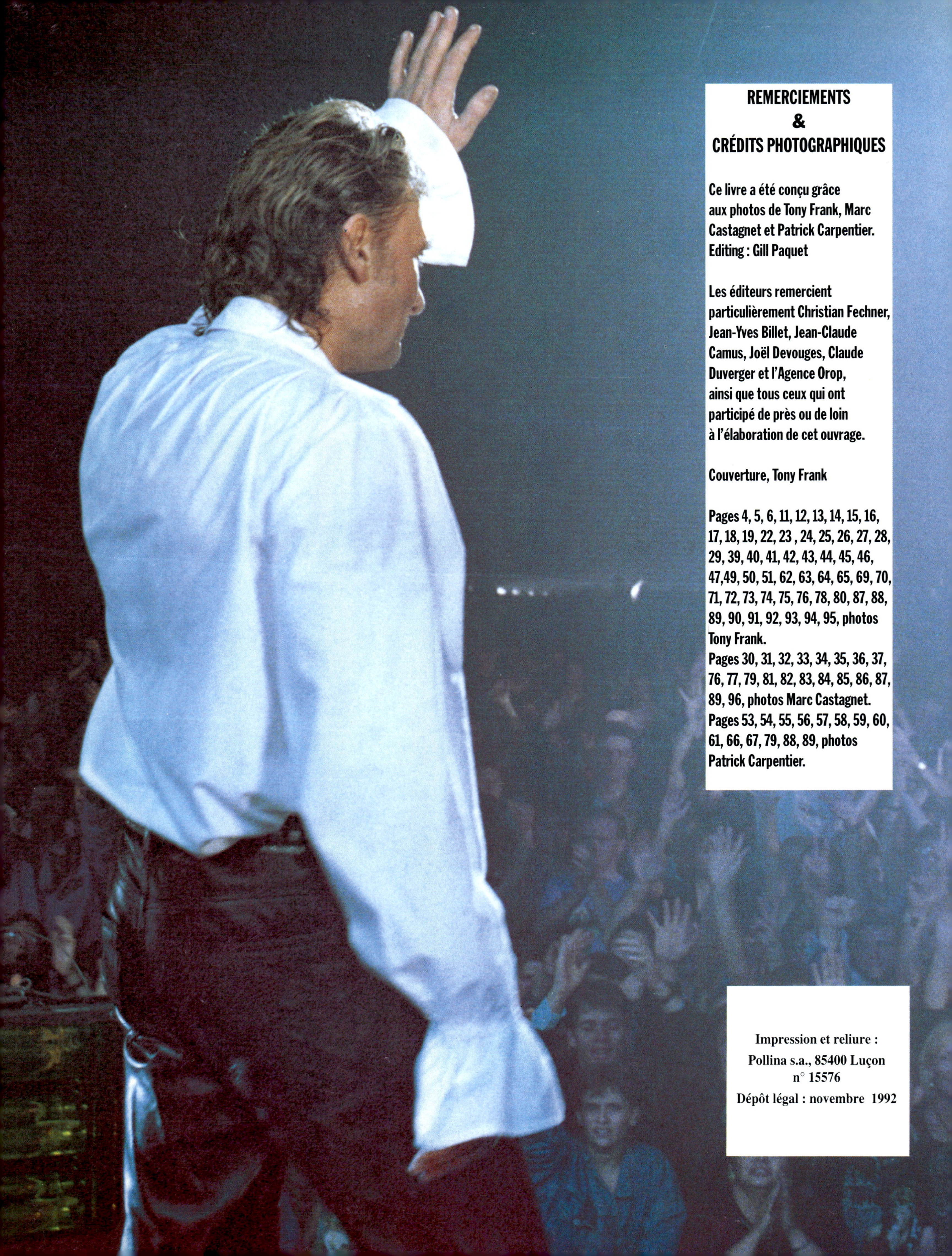

REMERCIEMENTS
&
CRÉDITS PHOTOGRAPHIQUES

Ce livre a été conçu grâce aux photos de Tony Frank, Marc Castagnet et Patrick Carpentier.
Editing : Gill Paquet

Les éditeurs remercient particulièrement Christian Fechner, Jean-Yves Billet, Jean-Claude Camus, Joël Devouges, Claude Duverger et l'Agence Orop, ainsi que tous ceux qui ont participé de près ou de loin à l'élaboration de cet ouvrage.

Couverture, Tony Frank

Pages 4, 5, 6, 11, 12, 13, 14, 15, 16, 17, 18, 19, 22, 23 , 24, 25, 26, 27, 28, 29, 39, 40, 41, 42, 43, 44, 45, 46, 47,49, 50, 51, 62, 63, 64, 65, 69, 70, 71, 72, 73, 74, 75, 76, 78, 80, 87, 88, 89, 90, 91, 92, 93, 94, 95, photos Tony Frank.
Pages 30, 31, 32, 33, 34, 35, 36, 37, 76, 77, 79, 81, 82, 83, 84, 85, 86, 87, 89, 96, photos Marc Castagnet.
Pages 53, 54, 55, 56, 57, 58, 59, 60, 61, 66, 67, 79, 88, 89, photos Patrick Carpentier.

Impression et reliure :
Pollina s.a., 85400 Luçon
n° 15576
Dépôt légal : novembre 1992